DE

LA RÉVOLUTION

DANS SES RAPPORTS

AVEC LES INTÉRÊTS

BRUX. — IMP. DE CH. VANDERAUWERA,
Montagne-aux-Herbes-Potagères, 25

DE

LA RÉVOLUTION

DANS SES RAPPORTS

AVEC LES INTÉRÊTS

PAR

J.-B. DÉSIRÉ PRUNGET

(DE L'INDRE)

Non ignara mali, miseris succurrere disco (VIRGILE, ÉNÉIDE.)

BRUXELLES

EN VENTE CHEZ TOUS LES LIBRAIRES

1855

DE
LA RÉVOLUTION
DANS
SES RAPPORTS AVEC LES INTÉRÊTS.

I

La Révolution a-t-elle changé de caractère par suite du coup d'État du deux décembre? — partant, les problèmes qu'elle avait posés, au 24 février, demeurent-ils dans les mêmes termes, ou convient-il, pour les résoudre, de procéder selon d'autres proportions?

Ces questions nous paraissent encore aujourd'hui pleines d'importance et d'opportunité.

Pour nous, le fait de décembre n'est qu'un incident; — il a bien pu suspendre un instant la marche normale du progrès révolutionnaire, mais nous sommes trop révérencieux à l'endroit des principes de l'éternelle justice, pour admettre que le triomphe du vrai ait été sérieusement compromis dans cette lutte où l'on a vu le droit et la raison tomber à la merci des aventures.

La personnalité des hommes de Décembre ne nous apparaît que comme question très-secondaire; — la véritable question s'éleve au-dessus d'eux de toute la supériorité de la vérité sur le mensonge, de la fidélité sur le parjure, de la probité sur le scandale. —

Ils tomberont dans un avenir prochain, parce que sur le sol de la France, si fécond qu'il soit, l'arbre sans racines ne peut se soutenir longtemps, et que le pis-aller ne saurait jamais y avoir droit de cité. — Ils sont venus au pouvoir avec un baptême que la conscience publique n'accepte pas. — Si elle les a tolérés d'abord, c'est par suite de la terreur qu'ils répandaient autour d'eux, et encore sous l'influence de vagues frayeurs que lui inspirait un avenir imaginaire; *mais ces sauveurs de la société,* que la société n'a tolérés que comme *en cas de nécessité*, frappés de vertige au milieu de leur isolement, s'affaissent tous les jours sur eux-mêmes, et, au premier souffle, ils disparaîtront dans le vide qu'un reste de dignité fait autour d'eux. Nous sommes donc affligé, mais pas le moins du monde désespéré, en assistant, de notre exil, au spectacle qui se déroule devant cette France qui nous a banni. — L'histoire en effet nous a appris ce que valent et ce que peuvent durer les gouvernements qui sont, par les conditions de leur existence, condamnés à ne pouvoir vivre que de subtilités ou de ténèbres, et notre connaissance du cœur humain nous initie d'une manière consolante encore aux dispositions générales des esprits.

En effet, l'homme et les peuples se régissent bien souvent par les mêmes lois; et si l'on comprend que l'esprit le plus ferme puisse subir l'influence d'une lassitude ou d'un doute à la suite de grandes déceptions,— ne peut-on pas admettre aussi qu'il y a des périodes où le scepticisme peut saisir un peuple et le courber sous le poids d'une affligeante prostration? — Or, le peuple de France, étranger pour plus des neuf dixièmes à toute participation de la vie publique, avant Février,— avait salué la République avec une foi qui lui montrait l'avenir riche de justice et de liberté, en attendant avec une croyance naïve le Messie de son émancipation. Longtemps il a gardé avec une héroïque sollicitude le temple qu'il lui avait élevé, sans que la parole du prophète s'accomplît; il douta un jour : ce fut son crime. Mais est-ce à dire pour cela qu'il ait apostasié et que l'affaissement, sous lequel il languit, soit le symptôme de son hérésie? Nous croyons le contraire, nous, et nous tirons de cette apparente atonie morale la conséquence qu'il est en proie a des remords, au bout desquels viendra, dans un temps prochain, une solennelle réparation. — Il a douté, mais il n'a pas abjuré; il a été trompé, mais il n'a pas trahi. — Le doute est le premier fruit qui germe dans les cerveaux impuissants, quand la foi n'est plus dans le cœur. — Il n'est donc pas étonnant qu'il se soit emparé de l'esprit de ce peuple dont l'éducation civique commençait à peine, et qui avait usé sa croyance, en attendant infructueusement pendant trois longues années. — Toutefois l'esprit des masses n'est pas fait pour rester longtemps dans de telles perplexités.

Aussi, si la question virtuelle se resumait dans la suppression de l'état de choses actuel, la démocratie pourrait selon nous, dès aujourd'hui, se croiser les bras et confier le soin de son triomphe aux excès de ses persécuteurs. — Mais le lendemain de la chute, la véritable question vient se poser , avec toute son importance, en face d'aspirations indéfinies, en faveur desquelles il convient dès à présent de se recueillir ; d'autant plus que, dans un empressement plus téméraire encore que généreux, c'est par une exagération du sens démocratique qu'on est arrivé à enflammer ces impatiences qui, au fond, ne sont dangereuses que parce que leur objet est resté sans formule.

En effet, après Février, nous avons vu des esprits dont il ne nous appartient pas de contester la supériorité, qui, voulant embrasser dans une vaste unité la solution de tous les problèmes mis à l'ordre du jour, et se trouvant réduits à l'impossibilité de rien préciser d'acceptable au point de vue de la tradition ou de la pratique, n'ont pas craint de se lancer dans les extrémités d'audacieuses affirmations, ou dans les subtilités d'une scolastique astucieuse, plutôt que de soumettre leur orgueil à une déclaration d'impuissance ; leurs théories, soutenables à peine au point de vue d'une philosophie qui n'aurait rien de terrestre, sont restées enveloppées dans les nuages d'une abstraction insaisissable, qui a fait naître immédiatement deux sentiments contraires.

Chez les uns ce sentiment s'est traduit par une frayeur réelle; chez les autres par un espoir et un désir que la réaction a certainement exagérés, mais dont elle a bien su tirer profit.

Les habiles, spectateurs haletants de ces variétés d'impressions, ont exploité les unes et les autres avec un succès qui n'a eu d'égal que leurs perfidies. — Les frayeurs réelles et spontanées ne sortaient certes pas de cerveaux bien trempés, mais elles existaient : les royalistes en prirent texte; puis grossissant, selon les exigences de leur complot, ces convoitises imaginaires qui étaient censées les avoir fait naître, ils ont fini par populariser au sein d'une partie notable et imposante de la société une crainte qu'eux-mêmes n'avaient pas, mais dont l'effet a été de pervertir le civisme et de créer des antagonismes.

A partir de ce moment, des éléments d'hostilité se sont glissés dans les masses. Ce qui, jusqu'alors, n'avait été que défiance et circonspection, s'est changé en amertume et en promesses réciproques de représailles, il y avait là encore plus de forfanterie que de parti pris. Mais les habiles avaient triomphé, car ils étaient parvenus à courroucer des intérets qui sont parfaitement solidaires au fond, bien qu'il existe à la surface une apparente contradiction.

Cette confusion, provenant d'une erreur d'optique intellectuelle, sans s'élever à la hauteur d'un danger réel, avait pourtant pris assez d'intensité pour mériter d être prise en considération comme difficulté accidentelle et relative, au jour de l'avénement de la démocratie. —Le coup d'Etat n'ayant pu, en rien, modifier les conditions de cette perspective, il nous paraît opportun de songer encore à cet obstacle, en vue d'une éventualité qui peut être prochaine.

Nous ne nous dissimulons pas notre impuissance à faire ressortir la vérité, et l'importance qui se rattache à ces prévisions; mais le but de nos réflexions est d'attirer vers le même objet des préoccupations plus imposantes que les nôtres, et des autorités ayant plus de crédit que nous. Si donc notre tâche est médiocre, elle aura le mérite d'être honnête. Dans tous les cas, elle aura été utile, si nos vœux sont accomplis.

II

Les devoirs de la Révolution sont complexes et multiples, car elle a mission de réparer; — or, la réparation ne peut venir que d'une harmonisation universelle, qui, emportant avec elle l'idée d'expiation imposée aux priviléges iniques, implique également nécessité de justice distributive, pour protéger ou satisfaire les intérêts légitimes.

S'il ne s'agissait que d'une réparation simple, au profit des classes déshéritées, il suffirait de transborder d'une classe privilégiée à une classe souffrante le bagage qui constitue le privilége; — ce serait plus facile et plus tranchant; mais on n'aurait fait qu'un changement de position, quand, au contraire, il s'agit de réglementer et de moraliser les rapports entre les citoyens, par l'application des règles de la souveraine justice combinée avec les exigences de l'équité sociale. — Cette opération aura pour résultat, en mettant chaque chose à sa place, de faire disparaître les antagonismes dont nous avons parlé; — de rassurer les timorés et de réconcilier des intérêts qui relèvent respectivement les uns des autres.

Mais, pour qu'elle s'accomplisse avec tous les bienfaits que les esprits sérieux peuvent en attendre, il nous paraît indispensable, que ceux qui se sont voués au sort de la démocratie, se pénètrent bien *a priori*, du caractère général de la Révolution; ce à quoi ils ne peuvent parvenir plus sûrement, selon nous, qu'en cherchant cette initiation dans l'étude des souffrances diverses, qui avaient et qui ont encore droit d'en espérer soulagement.

C'est le seul moyen qui puisse permettre de procéder ultérieurement à une réparation intelligente.

Ces souffrances sont immenses; — l'esprit qui serait assez vaste pour les saisir dans leur ensemble, et leur fournir un moyen de satisfaction synthétique, aurait droit de se proclamer révélateur; mais ne l'ayant trouvé dans aucun de nos modernes illuminés, nous sommes amené à cette affirmation : que la raison commande de marcher à la découverte de la vérité pratique, en dehors des lois rigoureuses de l'absolu; — et de chercher la formule dans laquelle doit se résumer son application en s'appuyant sur l'observation analytique des phénomènes sociaux. —

Nous ne croyons pas du reste faire injure à la Révolution, pour laquelle nous n'avons que respect et gratitude, en la déclarant, dans sa manifestation organique dépendante d'une question de *voies et moyens*.

Dans le milieu où notre condition nous avait placé, en rapports journaliers avec le caractère et les intérêts de la bourgeoisie dont nous sortions, en contact permanent avec les populations des champs, au sein desquelles nous avons le plus longtemps vécu, il nous a été permis de faire des observations que nous tenons pour utiles au profit d'une solution dans ce sens.

C'est à l'aide de ces observations partielles que nous croyons avoir acquis la connaissance du caractère que la Révolution devait revêtir, dans les provinces, pour satisfaire aux besoins qui, tous les jours, s'y révélaient avec une plus grande intensité.

Or, la population agricole nous semble être une partie assez notable de la nation, pour qu'on doive tenir compte de ses impressions. — Sa condition, du reste, dans le domaine de l'économie publique, nous paraît dominer toutes les autres ; — car on ne saurait pourvoir à aucune de ses souffrances, sans que le bienfait en revienne, pour une portion, à d'autres intérêts qui en relèvent plus ou moins immédiatement ; ce qui nous conduit à poser comme aphorisme : que si nos observations sont justes, elles seront profitables non-seulement aux intérêts spéciaux en vue desquels elles ont été plus intimement inspirées, mais encore à la masse des intérêts généraux.

III

La Révolution a-t-elle été accueillie comme satisfaction à un besoin général de liberté, ou comme devant entraîner avec elle la conséquence d'une émancipation matérielle?

Nous n'hésitons pas à affirmer l'exactitude de cette dernière alternative.

Elle se distingue même, par ce côté, de son aînée de 89, dont la conséquence devait bien également aboutir au bien-être, mais dont la raison immédiate était l'émancipation civique. — Avant 89, on pouvait bien se plaindre d'avoir faim; mais on se plaignait principalement d'etre maltraité dans sa personne et dans sa dignité par la hiérarchie nobiliaire.

— En 1848, chacun ayant compris ses droits comme homme, se sentait égal à un autre; — le domestique aurait parfaitement riposté au maître insolent qui l'aurait frappé; et il faut même rendre ce témoignage à notre pays, c'est que, devant les tribunaux, bien que la justice soit toujours *la toile d'araignée* du temps de Rabelais, il eût le plus souvent trouvé des juges.

Au village, faut-il le dire? on n'entendait jamais le mot de liberté que dans le refrain de chansons apportées par le soldat en semestre, ou par l'ouvrier rentré de sa laborieuse émigration. — Mais, en revanche, on entendait souvent le cri de la misère s'élever au-dessus de la hutte du prolétaire des champs, et le mécontentement bourdonner jusqu'au seuil de la ferme bourgeoise. — Je ne parle pas des villes, où il y a plus d'intelligence ; — partant, où le même malaise s'aggravait de tous les besoins qui marchent à la suite de l'éducation et de l'industrie ; — là, elle était sociale et politique. — Mais au village, où l'esprit politique est encore à l'état d'embryon, elle était sociale, rien que sociale ; — là elle fut reçue avec espoir, comme le précurseur d'un état de choses où chacun devait trouver une plus grande somme de bien-être ; — seule conséquence, du reste, qui puisse légitimer une révolution, toute révolution stérile étant un crime.

C'est qu'en effet, il nous sera facile d'établir que tout était à l'état de souffrance et d'anarchie dans la population des champs, sans en excepter la bourgeoisie dont nous allons esquisser rapidement la position équivoque et compromise.

La bourgeoisie se compose du détenteur intermédiaire du sol ; de celui qui exploite son domaine par domestiques ou par colons partiaires, sans participer lui-même aux travaux terrestres, et dont la fortune, originairement suffisante pour lui, cesse bientôt de l'être par suite du moindre événement survenu pour augmenter ses charges sans augmenter ses profits; — par conséquent, de celui que le déficit menace journellement, et qui, une fois tombé sous la nécessité des petits emprunts sur billet à courte échéance, doit se trouver un beau jour acculé dans l'extrémité de l'emprunt d'une somme ronde pour couvrir le tout; — c'est-à-dire dans l'impossibilité prochaine de pouvoir tirer le moindre parti de sa chose. — Car, la terre ne veut et ne peut rendre que ce qu'on lui donne; — elle refuse tout à qui ne la substante: malheur donc au propriétaire qui n'a plus d'argent!

— Je sais bien que quelques rigoristes me diront que c'est la faute du propriétaire maladroit, dissipateur ou imprévoyant; — cela ne me regarde pas, je constate et voilà tout.

La position de la bourgeoisie proprement dite, occupant avec plus de six milliards de dettes, l'espace étroit laissé libre entre le capital et le négoce, n'est donc pas aussi dorée qu'on parait le croire en certains lieux. — Si l'on ajoute maintenant à ces éléments de décomposition, le lourd impôt foncier, l'aggravation vexatoire des prestations en nature, etc., et que l'on compare tout cet attirail insatiable au mince produit du sol, il doit résulter de cette comparaison, avec la plus incontestable évidence : que le propriétaire d'un fonds de 80,000 fr. sur lequel, il est seulement dû 15,000, fr., est fatalement condamné à une ruine complète en moins de dix ans, quelque soit du reste son aptitude et son économie.

Pour cela, il n'est pas nécessaire de lui supposer la fécondité d'un patriarche, deux enfants, ce serait trop.

Quand je suppose une fortune de 80,000 francs, je me place bien au-dessus de la fortune intermédiaire, en France, qui gravite entre 30 et 100 mille francs.

Tel était l'état où la Révolution de février a surpris la bourgeoisie.

Quant à la classe placée par la fortune au-dessus de la bourgeoisie, sa position, ses tendances et ses intérêts sont bien différents ; — ceux-là n'ont en terres qu'une mince partie de leur patrimoine, ayant eu soin de placer derrière l'incertain produit du sol, une forte réserve en capitaux qu'ils font, à grand profit, manœuvrer sur le champ de la propriété intermédiaire; vaste manége où se pavane leur convoitise et leur dureté sous l'escorte des avoués, huissiers et recorts.—

Ceux-là n'appartiennent pas à la bourgeoisie ; — ils se classent dans la famille des capitalistes, et viennent concourir à la formation de l'aristocratie financière; monde à part pour qui l'humanité s emprisonne dans la plus barbare personnalité. —

Pour être rationnels, — ils ont dû voir avec frayeur la Révolution de février ; — je ne veux point les prendre en traître; si, au lieu d'y perdre ainsi que cela était juste, ils sont au contraire les seuls qui y aient gagné, qu'ils ne s'en glorifient pas si prématurément ; — je les en préviens, — ils y perdront, le jour où cette révolution sera devenue une vérité.

Voyons maintenant le paysan, c'est peut-être le plus difficile à définir. —

En général, tout paysan possède petit ou prout.— Il y a le paysan riche, le paysan aisé, le paysan qui vit à peu près et le paysan qui meurt de faim. —

Le paysan riche ne se distingue du bourgeois, dont au surplus il a eu soin de prendre les plus saillants défauts, que par la veste, l'orgueil, la finesse et l'ignorance. — Ennemi de toute autorité, tout lui paraît injuste quand il n'en tire pas profit. — Au rebours du bourgeois qu'il nargue en cachette, mais en présence duquel il s'agenouille quand il a besoin de lui, il est indépendant; — car sa fortune, c'est la boule de neige qui roule et se grossit en roulant. — Exonéré des ruineux besoins issus du luxe et de l'éducation, il est heureux, selon l'expression convenue. — Mais il y a un moment où cette quiétude se trouble, c'est quand arrive le bulletin du percepteur, c'est quand on requiert ses bœufs pour la corvée. — Il ne digère pas le chapitre des impôts, tout gouvernement, pour lui, est exécrable, quand il lui demande quelque chose; — le moins mauvais est celui qui lui demande le moins; (il n'a pas trop tort à cet égard.)

Enfin, la politique, il la mesure et l'apprécie sur le baromètre de la contribution. —

Le paysan aisé n'est pas celui qui possède suffisamment pour vivre lui et sa famille; — mais qui ayant un petit bien, l'exploite avec courage, intelligence et économie, et en retire un profit qui, ajouté au produit de son travail et de celui de ses enfants chez autrui, le met à l'abri du besoin et lui permet même des économies au moyen desquelles il ne tardera pas à *s'arrondir*; — il est moins arrogant que celui dont nous venons de parler, mais, aspirant à se rapprocher de sa condition, il ne recule pas devant l'énormité du prêt scandaleux dit à *réméré,* et quand il confie le sort de son pécule à l'hypothèque, ce n'est jamais que selon les *us* et *coutumes* du dix pour cent; — car, après en avoir demandé pardon aux élégiaques de la vie champêtre, nous sommes bien forcé d'avouer que le paysan d'aujourd'hui ne ressemble plus guère à celui du temps de Virgile; — et que tout paysan qui prête est *usurier,* — usurier au taux et à la chopine, — buvant aux dépens de l'emprunteur avant le prêt, y buvant encore le jour du prêt, et y rebuvant à chaque échéance des intérêts que le malheureux débiteur ne peut payer exactement. — Ainsi que le paysan riche, son maître en tout, même en usure, il n'aime point la contribution, encore moins la corvée.

Mais, au-dessous de ces deux catégories, et de celui même qui n'ayant pas de fortune peut se sauver par la richesse de ses bras, se trouve la grande famille des déshérités; — hommes de peines, pour ne pas dire *bêtes de somme;* — victimes de tous et de tout; — chair à misère dont l'usure a dévoré le champ et entamé le toit; — méprisés partout, parce qu'ils ne possèdent pas ou qu'ils ne possèdent plus; — travaillant quinze heures pour quinze sous; — chômant l'hiver, malades l'été; — ayant à nourrir femme et enfants, à nourrir seulement, car, de vêtements, on dirait qu'ils en ignorent l'usage; — insouciants par le malheur, et redoutant la prévoyance comme un lendemain rempli d'angoisses; — sans initiative, sans haine au cœur, tant ils sont énervés; quand ils parlent de leur misère, ils vous disent avec une morne résignation que c'est qu'il y a de mauvais riches; — appréciation qui certes en vaut bien une autre, mais qui ne comporte que la raison indirecte, la vraie cause remontant aux gouvernements. —

Affaissés de corps et d'esprit, ils ne sauraient jamais s'élever jusqu'à cette cause ; — aussi ne se passionnent-ils pour aucun gouvernement; — la seule chose qui puisse les émouvoir, c'est le *blé*.

— Oh, le blé! c'est qu'il est pour eux la vie toute entière; — que leur fait la peste sur les gras troupeaux? — Ils ne doivent pas se vêtir de leur laine; — ils ne doivent pas se nourrir de leur chair; — mais le blé! — c'est le mot magique et sacré en face duquel tout ce monde en lambeaux se redresse convulsivement pour vous dévorer, ou s'élève reconnaissant pour vous bénir, selon qu'il lui aura imprimé crainte ou espérance —....... C'est que ce peuple de martyrs, avant lui, avait trouvé au fond de sa conscience ce beau vers de Dupont, un des plus beaux de la langue française :

Le pain, c'est la dette de Dieu.

C'est que, pour lui, en effet, le pain représente la vie dont Dieu est le principe, et que selon sa religieuse superstition, il croirait manquer à Dieu même, s'il croyait que le pain pût manquer; — ce qui explique peut-être pourquoi il ne croit jamais à la disette, toujours à l'accaparement;—phénomène au fond duquel se trouve le symptôme d'un scepticisme fécond en enseignements, à savoir : qu'il se défie des hommes au milieu desquels il a constamment souffert.

Ce monde-là, lui, ne connait même pas le percepteur; c'est sur la mercuriale du marché qu'il cherche la valeur du gouvernement.

Tel était à peu près, avant Février, la composition et l'état des campagnes; — tel serait-il encore aujourd'hui si de trop profondes déceptions n'y avaient apporté la complication d une aggravation de misère.

Je n'ai point parlé, et à dessein, de deux spécialités en faveur desquelles, au point de vue de l'intelligence politique, il convient de faire exception. — Je veux parler d'abord des populations vinicoles qui, en raison du plus grand bien-être dont elles jouissent, sont plus indépendantes, partant plus aptes à l'initiation de la science sociale.

Je veux parler encore des contrées d'où la jeunesse émigre pour aller dans les grands centres, à Paris ou ailleurs, gagner un pain que lui refuse la terre natale.

Là, cette jeunesse, salut de l'avenir, se trouve en contact avec la famille si vive et si intelligente des ouvriers, — héroïque et formidable phalange qui, jusqu'au deux décembre, semblait s'être chargée ici-bas du soin de réparer les hautes iniquités sociales; — à cette école qui, malgré une impardonnable défaillance, ne saurait avoir oublié ses grandes et glorieuses traditions, elle s'inspire du feu sacré, et quand elle retourne au village, elle y revient avec le baptême civique et la foi qui fait des prosélytes.

IV

La Révolution de février arriva donc; dans les diverses catégories que nous venons d'énumérer, où devait-elle trouver, où a-t-elle trouvé de l hostilité? — Nulle part. Je dis qu'elle n'en trouva pas même au sein de la bourgeoisie qu'elle surprit aux abois, à bout d'expédients, et se débattant, à l'agonie, entre les serres de la finance.

— Je dis que cette bourgeoisie, dont les intérêts en définitive sont intimement liés à ceux du peuple, la reçut avec plus d'espoir que de frayeur, sur la foi d'une amélioration à son profit, et comme unique solution à une liquidation menaçant de devenir impossible.

—Je dis que les paysans possesseurs la reçurent egalement avec faveur, dans l'espoir d'un allégement à leurs charges publiques; — promesse du reste qui fut faite *ab ovo*, et à la quelle on répondit par l'inconcevable folie des *quarante-cinq centimes*.

Quant à cette vaste famille de prolétaires auxquels nous ne pouvons songer sans un cruel serrement de cœur, pour la première fois peut-être leur âme s'ouvrait à l'espérance, en osant compter sur un lendemain. — Pour un peu de bien-être assuré par le travail, ces hommes abattus et dégénérés allaient se relever, grandir, et se vouer jusqu'à la mort à la République. — On leur en promit; — ils attendirent; — et ils attendent encore.......

Il est donc bien constaté que l'état social d'avant Février, ne donnait satisfaction ni aux ouvriers, ni aux paysans, ni aux bourgeois, c'est-à-dire aux dix-neuf vingtièmes de la population. — Il est aussi bien évident, qu'en améliorant la position de chacun on en faisait autant de champions au profit du nouveau gouvernement. — Car il faut bien avouer cette irrécusable vérité: la force du *moi* est grande chez un peuple dont l'éducation publique reste à faire; — et dans ce cas, ce n'est qu'en passant préalablement par la satisfaction légitime de l'individualisme réglementé qu'on peut arriver à l'organisation suprême de l'intérêt collectif; — problème ardent dont la conscience publique exige impérieusement la réalisation.

Qu'y avait-il donc à faire?—Rien de bien difficile.— Il fallait faire une révolution après avoir fait un coup de main. — Chasser un roi, ce n'est pas chasser grand chose. — Il n'y a réellement révolution pour moi que lorsqu'il y a changement de rapport de *citoyen à citoyen* dans l'ordre social, et de *citoyen à État* dans l'ordre politique.

L'un de ces changements fut accompli, le plus nécessaire fut oublié.

Nous ne nous sentons en rien enclin aux posthumes récriminations au bout desquelles on ne trouve le plus souvent que discorde ou stérilité; — mais pourtant.

nous sommes bien forcé de reconnaître que le gouvernement provisoire, investi par l'état des choses du droit d'initiative révolutionnaire, a manqué à sa mission, en négligeant ce complément indispensable; — peut-être en agissant ainsi, a-t-il obéi à un scrupule; — mais assurément le scrupule a coûté trop cher à la démocratie.

Ce que le gouvernement provisoire n'a pas fait, ce que la Constituante n'a pas osé faire, ce que la Législative ne pouvait pas faire, il faut qu'un nouveau pouvoir révolutionnaire l'accomplisse dès le premier jour de son avénement, sous peine de forfaiture ou d'incapacité.

V

Le complément dont nous venons de signaler l'omission se trouve renfermé, selon nous, dans le sens de ces mots : *circulation* et répartition *active et passive*, ou dans leurs équipollents qui sont *crédit, travail, et impôts.* — Telles sont les limites dans lesquelles se circonscrivent encore aujourd'hui les exigences légitimes de l'époque; — qui chercherait à les étendre ou à les restreindre, s'aventurerait dans le labyrinthe des utopies, ou s'exposerait à errer infructueusement sur le terrain improductif et délaissé des niaiseries formalistes.

Ces trois termes absorbent tout un système; — mais ce système est principalement dominé par la question de *crédit* dans laquelle se résout celle de *travail,* et dont la solution est rigoureusement liée à celle de l'*impôt*.

Cette dernière est simple en elle-meme ; — mais la question de *crédit* est complexe de sa nature ; — d'abord, parce qu'elle implique garantie corrélative au principal ; — ensuite, parce qu'elle soulève la question accessoire, mais très-supérieure de l'unité des produits par le capital : — tous problèmes qui, malgré leurs proportions, sont selon nous susceptibles d'une solution immédiate, entourée de beaucoup moins d'embarras et de perturbation qu'on pourrait se l'imaginer. — Il nous semble en effet qu'un type de garantie primordiale et de régularisation s'offre de lui-même, dans la présence du *capital foncier*, sujet impérissable et productif de sa nature ; — c'est donc à cette source qu'il convient, à notre avis, d'aller puiser les principes réparateurs qui doivent ramener la vie au cœur de la société.

Mais me diront quelques esprits ardents : votre remède ne guérira que les moins malades, les possesseurs du sol ?—

Erreur ! erreur ! —Je prétends qu'il va droit au mal ; du reste si le type de garantie que je propose me parait devoir être préjudiciel à tous autres, qu'on ne pense pas pourtant que ce soit le seul que je veuille admettre ultérieurement ; — ma pensée à ce sujet, sera complétée et rendue plus claire par ce qui va suivre.

Dans tous les cas, je prends acte de l'objection et m'empresse d'y répondre, en posant dès ce moment la solidarité du travail et de la propriété foncière, comme une certitude économique.

Je le prouve :

En effet, le possesseur d'une terre, pour être rationnel, intelligent, et remplir ses fonctions de père de famille et de propriétaire, doit tirer de sa chose le plus grand revenu possible ; — pour cela, il faut qu'il la livre le plus possible au travail ; — or, tout travail doit se traduire, au profit du travailleur, par l'attribution d'une équitable rémunération ou bénéfice.

Dans les conditions actuelles, le propriétaire, à de très-rares exceptions près, étant obligé d'emprunter, on ne lui livrera des capitaux qu'à un taux *minimum* de 5 %; — c'est-à-dire à un taux de moitié plus élevé que le produit de son capital immobilier ; — d'où suit que plus il fera travailler, plus il devra emprunter, plus le déficit l'écrasera ; — et que les produits du sol ne se révélant qu'à la longue et étant en raison indirecte du loyer de l'argent, l'attente forcée et la disproportion l'acculeront bientôt dans un empêchement absolu ; — d'où suit encore que ne pouvant plus faire travailler, non-seulement sa ruine est consommée ; — mais encore que la population agricole se trouve condamnée à aller chercher ailleurs un pain qu'elle ne peut plus trouver autour de sa chaumière et de ses affections.

— Plus de travail aux champs, par suite du manque d'argent; plus de travail à la ville, par suite de l'encombrement des travailleurs. —

Partant, énervement de la force active et morale par le chômage, la grève, la débauche, la misère et l'émeute, suite nécessaire de tout état de choses où l'institument de travail se trouve à la merci d'un privilége quelconque.

—Or, quel est le premier le plus indispensable instrument de travail, si ce n'est la terre?

C'est aussi par elle qu'il convient d'en commencer l'émancipation et l'organisation, en la restituant à sa véritable dignité par un affranchissement radical dans ses rapports avec le capital fictif de la circulation.

VI

L'organisation du travail ne saurait se décréter *a priori*;—elle doit découler d'institutions préalables.

Ceci nous paraît d'une vérité irrécusable, dont nous tenons à faire ressortir l'évidence, même aux yeux des gens les moins versés dans l'étude des questions économiques. A cette fin nous demandons la permission de traduire notre pensée, pour la rendre plus saisissable, sous forme de décrets; déclarant toutefois qu'en procédant ainsi, nous faisons très-bon marché de leur contexture, et que c'est seulement pour faire disparaître toute ambiguité.—

Voici donc le décret préparatoire qui nous paraît le plus important :

Art. 1.

La République ouvre au profit de la propriété foncière un crédit pour un capital qui reste indéterminé; mais qui sera limité à l'égard de chaque participant, d'après l'importance du fonds qu'il apportera en garantie, et dans les proportions ci-après. —

ART. 2.

Tout propriétaire de fonds immobiliers aura droit à ce crédit ; — mais il ne pourra en profiter que dans la proportion d'un capital dont l'intérêt, augmenté de l'*annuité libératrice* dont il sera ci-après parlé, n'excédera pas les deux tiers du revenu du dit fonds.

ART. 3.

L'intéret est fixé à 2 p. 0/0, et l'annuité libératrice à 1 fr. 50 cent. p. 0/0. En tout à payer 3 1/2 p. 0/0.

ART. 4.

Pour couvrir au profit des crédités, l'engagement de la République par suite de l'ouverture de crédit qui précède, il est institué à Paris, une banque de France immobilière, avec pouvoir de souscrire au porteur dans les limites ci-dessus déterminées, des valeurs ayant cours forcé dans toute l'étendue du territoire français.

ART. 5.

Une succursale est établie dans chaque chef-lieu de département.

ART. 6.

Ces valeurs circuleront, au profit de l'*État créditeur* : sous la garantie réelle du fonds crédité, et sous la garantie personnelle du débiteur. — Au profit du porteur; sous les garanties qui précèdent et encore sous celle de l'État en tous ses biens meubles et immeubles.

Art. 7.

La libération aura lieu par amortissement progressif, au moyen de l'annuité fixée en l'art. 3. Néanmoins, il sera toujours loisible au crédité débiteur de se libérer par anticipation, auquel cas il lui sera tenu compte en paiement des annuités déjà payées.

Art. 8.

L'annuité et l'intérêt se paieront par anticipation et par retenue, pour la première année; pour le tout former un capital dont la destination sera ultérieurement réglée.

Art. 9.

Les intérêts et annuités subséquentes seront payés tous les ans à pareil jour que le premier paiement. — Le recouvrement en sera fait dans les formes prescrites et déterminées pour le recouvrement des contributions directes.

A cet effet, un rôle cantonal sera dressé et remis à l'agent chargé du recouvrement, pour tous ceux qui, dans la quinzaine de l'échéance, ne se seront pas libérés entre les mains du directeur ou de son préposé.

Art. 10.

Un décret d'organisation personnelle et d'attribution sera ultérieurement publié.

Art. 11.

Jusqu'à la publication de ce décret, et pendant le mois qui la suivra, toutes poursuites en expropriation ou autres sont suspendues.

Qu'on me permette, par une digression naturelle, de m'étendre sur la valeur de ce décret, en l'examinant dans toutes ses conséquences et en le prenant d'abord au point de vue des hostilités qu'il a déjà excitées dans les ornières des intérêts grossiers et de la crédulité ignorante. — Voici les assignats! s'écrient en s'enfuyant ces deux éternels ennemis de tout progrès au milieu desquels il est venu tomber, comme *une pierre dans un monceau de serpents*. — (Que M. Proudhon me pardonne cet emprunt à l'énergie de son style.)

Voici les assignats! — Sauve qui peut? Gare la banqueroute! à l'étranger! — Sauvons la caisse!

Voilà bien en effet les menaces qui surgiront des coins et recoins de tous ces repaires où l'exploitation attire l'honnêteté qui n'en sort jamais qu'à l'état de misère; — antre odieux où se regorgent tous ces pourvoyeurs de la morgue, aristocratie moderne, cynique et éhontée qui flotte de par le monde, au vent de l'agio.

Voilà tout ce que cette cohorte de cannibales criera

par-dessus les toits! — Mais après? Savez-vous ce que cela prouve? — Tout bonnement que la mesure est bonne.

— Nous n'avons du reste rien à justifier auprès de ces gens-là; — nous ne leur devons qu'une chose : l'expression bien ardente de notre désir qu'ils soient à tout jamais chassés de la société comme les maltôtiers du temple.

Mais vous, industriels honnêtes, propriétaires économes, artisans laborieux, vous avez des droits que nous respectons et devant lesquels nous devons nous empresser de nous incliner.

Votre timidité vous fait craindre peut-être notre innovation bien inoffensive pourtant. —Eh bien! examinons ensemble ce qu'elle peut contenir de bien ou de mal.

— Première question et question préjudicielle : les valeurs que je propose offrent-elles toutes garanties?

Si je prouve l'affirmative, que vous restera-t-il à m'objecter?

Eh bien! je soutiens que ces valeurs sont les seules qui jusqu'à ce jour aient été entourées de pleine et entière sécurité au profit des acceptants; — qu'elles valent autant que les pièces de cinq et de vingt francs; et qu'elles valent mieux que les lettres de change signées Fould ou Roschild, ou que les billets signés Garat.

En effet, personne n'ignore que la monnaie, pour laquelle on semble professer aujourd'hui un culte si exagéré et si intolérant, n'est point, par elle-même, une valeur réelle ; qu'elle ne tire son mérite que d'une convention : convention généralement acceptée, il est vrai, mais qui, pour cela, ne laisse pas que d'être soumise aux règles variables qui président à la formation des contrats.

A notre avantage, nous disons que dans ce temps même où la constitution de la *valeur* est encore à l'état de confusion et d'anarchie, le seul fil que l'investigation puisse suivre avec quelque raison, conduit directement à la source d'où nous faisons sortir notre institution.

A quel signe reconnait-on, en effet, une *valeur* réelle, de tous temps, et de tous pays? — A son utilité, ou plutôt à son *indispensabilité*.

Or, qu'on me fasse le plaisir de me dire quelle région si étroite et si imaginaire qu'on puisse la faire, où il soit possible à sa population de se passer des produits spontanés de la terre.

Si ces produits sont une condition *sine quâ non* de la vie humaine ; — si leur indispensabilité est bien constatée, qu'en conclure si non que leur *utilité* ou plutôt leur *valeur* est *universelle*, c'est-à-dire *vraie?*

Or, mon institution ressortant de la cause de ces produits, sur laquelle elles'appuie essentiellement, en subit toutes les conditions, et prend elle-même ce caractère d'*universalite* c'est-à-dire de *vérité* qui la rend supérieure.

— Le signe monétaire, lui aussi, a bien dû originairement se rapporter au même type; ayant été créé pour remplacer et figurer la *vraie valeur* qui en raison de son immuabilité ne pouvait se prêter à tous les caprices d'une civilisation qui donnait chaque jour naissance à de nouveaux besoins. — Mais en raison de son isolement, il ne saurait y rester fixé par une égale puissance de cohésion et de solidarité.

Toutefois le signe monétaire qui au fond n'est qu'une fiction, et qui, à ce titre, ne saurait se prévaloir d'aucune supériorité réelle sur ce que nous proposons, ne tarda pas lui-même à devenir insuffisant et à recevoir à ses côtés d'autres signes représentatifs qui ne diffèrent des miens que par leur infériorité en mérite; — il n'a donc jamais été exclusif; — et, bien qu'il soit le plus usuel, depuis longtemps il a cessé d'être le plus important dans les transactions; l'axe autour duquel tourne le monde des affaires étant le *crédit* représenté par les billets des banques publiques ou privées, — lui n'étant qu'un appoint.

Il ne faudrait pas croire, du reste, que le culte qu'on a pour ce faux dieu soit bien sincère; — tous les jours on lui fait l'outrage de lui préférer d'autres idoles.— C'est si vrai que ceux qui paraissent le plus enclins au fanatisme, à cet égard, ayant, par exemple, vendu leurs domaines 100 mille francs, se trouveraient fort embarrassés si l'acquéreur les payait avec 20 mille pièces de cent sous.

— Un pareil embarras leur ferait venir la chair de poule, et ils ne laisseraient leur notaire tranquille que lorsqu'il aurait remplacé les pièces gènantes par la facilité d une valeur écrite. —

Quant à l'assimilation de ces valeurs avec les assignats, — bien que nous reconnaissions le grand mérite de ces derniers comme mesure politique, nous ne pouvons admettre que le discrédit qui les a justement frappés comme mesure financière, puisse atteindre notre système qui n'a aucune analogie avec celui duquel ils sortaient.

En effet, dans notre système, c'est l'État qui prête sur des biens appartenant à des particuliers. —

Dans le système des assignats, c'était l'État qui empruntait à des biens devenus siens; — il cumulait le titre de débiteur et de créancier; —confusion qui devait nécessairement aboutir à un désastre; —c'était la mobilisation à volonté et selon l'étendue de ses besoins, de biens dont il était l'arbitraire appréciateur; et dont il était facile de prévoir la dépréciation. —

Il y aurait tout au plus quelqu'analogie avec le papier-monnaie que proposa Bailly, et qui fournit plus tard l'idée malencontreuse des assignats. —

Bailly, en effet, prévoyant la dépréciation qui résulterait d'une vente, en meme temps, de tous les biens nationaux, proposait qu'on les cédât aux communes moyennant un prix dont elles se seraient libérées en souscrivant à l'Etat des obligations se rapprochant un peu des titres que nous proposons.

La confusion cessait : il y avait un débiteur et un créancier; — mais ce système était loin de présenter toutes les garanties que l'on trouve dans le nôtre, et qui deviendront plus claires encore par la lecture des observations qui vont suivre. —

Si donc, en certains cas, on préfère les billets de la banque et même d'autres à l'argent, pourquoi refuserait-on ceux que je propose puisqu'ils reposent sur un *gage imperissable,* quand M. de Rotschild, lui-même, est soumis ainsi que son crédit, aux capricieuses vicissitudes de la fortune, et quand la banque de France aussi, malgré la rigueur de ses statuts, n'est pas à l'abri de toute éventualité, par suite de SES OUVERTURES *en haut lieu*.

Nous querellerons-nous maintenant sur le taux? — Deux pour cent? — mais ce n'est pas assez........ possible; — toutefois je ne pense pas que l'on puisse guère l'éléver au-dessus; d'abord, parce qu'en moyenne la terre ne produit guère plus aujourd'hui; — ensuite parce qu'il n'y aurait pas grand mal à ce qu'elle fît rendre au capital une partie de ce que ce dernier lui a volé. —

Or, le capital représentant originairement la *valeur,* c'est-à-dire la terre, qui en est le type principal, dans la circulation, n'a été en fin de compte qu'un mandataire infidèle.

— En effet, si, ainsi que nous l'avons indiqué, ce *capital* n'a été créé que pour figurer *la valeur* qui par sa nature se trouvait *immuable,* si, ne produisant rien par soi, il est cependant productif par représentation, quelle doit être la mesure de son produit? — la réponse est toute faite. — Cette mesure est celle du produit de l'objet représenté. —

— Il doit produire fictivement, sans quoi il ne représenterait pas une chose productive; — mais il ne la représenterait pas davantage s'il produisait plus ou moins que la chose représentée.

Il y a plus: c'est que s'il doit y avoir une différence, elle doit exister au profit de la terre qui ne rend qu'à échéance incertaine et qu'arrosée des sueurs d'un long et accablant travail, tandis que par la fiction ce rendement arrive périodiquement et sans peine.

Toutefois, cette thèse est complexe; — je ne fais que l'énoncer pour ne pas entrer dans l'examen des droits du travail, trop supérieur pour l'objet que nous nous proposons actuellement.

Qu'on ne vienne pas comme compensation, me présenter, ce que, dans la pratique, le *capital roulant*, court de risques et d'éventualités; sous ce rapport c'est encore la terre qui est exposée aux plus grands dangers : grêle, pluies, chaud, froid, incendies, inondations, etc., etc.

—Je n'ai fait qu'énoncer les causes justifiantes de mon affirmation; — tant mieux si j'ai réussi à en faire comprendre la vérité;—je suis certain d'avoir réussi auprès de tous ceux dont l'esprit est resté dégagé des préoccupations de la routine ou des intérêts exclusivement individuels. —

Je n'insiste donc plus et j'arrive au mode de garantie

résultant du mécanisme même de l'institution que je soutiens.

Exemple : J'ai une propriété qui me rapporte 3,000 fr. de revenu ;—mon droit d'emprunt m'est ouvert jusqu'à concurrence d'un capital dont l'intérêt, augmenté de l'annuité libératrice, n'excèdera pas les deux tiers de ce revenu, c'est-à-dire 2,000 fr.

Le sol débiteur qui produit 3,000 fr., ne peut donc pas faire banqueroute au capital créditeur ne produisant que 2,000 fr., quand ce dernier est assuré sur le premier par toute la force d'un droit réel.

Remarquez encore que le revenu et la valeur vénale de la propriété foncière, étant en raison indirecte du loyer du capital ; par le seul fait de la réduction de ce loyer, les immeubles prendront immédiatement une plus-value transmissible considérable.

Tout cet échafaudage de garanties superposées me paraît plus que suffisant pour assurer la sincérité des valeurs que je soumets à la circulation ; néanmoins pour satisfaire les scrupules des plus récalcitrants, et, au surplus, pour consacrer, par un commencement, un principe qui me paraît incontestable, j'y ajoute comme superfétation la garantie de l'État.

— Aux ergoteurs qui pourraient me dire que l'endos de l'État, ne représente qu'une garantie imaginaire, je répondrai que je n'accepte pas cette exception de palais.

En effet, je n'entends pas parler d'un État dont la stratégie financière aboutit forcément à une banqueroute dans un temps donné; c'est-à-dire de ceux que nous sommes habitués à subir; mais j'entends parler d'un État à base nouvelle, qui changeant, son rôle de *crédité-debiteur* en celui de *créancier-créditeur*, sera en mesure de réaliser de beaux bénéfices pour lui, tout en allégeant les charges publiques, et en permettant à l'*individu* de faire d'excellentes affaires. — Sans entrer dans l'examen approfondi des ressources que renferme cet ordre d'idées, procédons par l'exemple d'une spécialité inhérente à notre sujet.

— Exemple donc : on a évalué, en France, la dette hypothécaire à 12 milliards; — (Ce chiffre résulte du relevé fourni par les conservateurs aux bureaux d'hypothèques;) — mais comme il existe des inscriptions dont les causes sont éteintes ou réduites; — tout en pensant que, sous ce rapport, la compensation pourrait s'établir en faveur du chiffre énoncé, par la somme des dettes chirographaires qui deviendraient hypothécaires par le bienfait de notre institution, nous réduisons la dette réellement inscrite à 10 milliards.

Nous ne portons aussi le revenu net au profit de l'État qu'à 3 % — laissant les 50 cent. d'en sus pour faire face aux frais d'administration et d'organisation.

Or, dix millards à 3 %, donnent un revenu annuel, immédiatement palpé par l'État, de 300,000,000 de fr. — Aujourd'hui qu'il est riche en moins de ce produit, qui ne doit pas rester isolé, et dont le principe est la source de tant d'autres, vous acceptez pourtant bien sa solvabilité puisque vous placez en toute sécurité ou que vous recevez des paiements en rentes sur l'Etat.

Donc, et *a fortiori*, devrez-vous encore plus apprécier cette solvabilité quand il sera riche en plus de cette importante ressource.

Il n'y a donc pas lieu à la moindre objection sous le rapport de la garantie combinée comme nous avons dit; — et nous pourrions ici suspendre tout commentaire, si la spéculation ou la frayeur inintelligente, ne nous cherchaient dans un autre sens, une véritable querelle d'Allemands, dans laquelle nous consentons volontiers à faire intervenir la police d'une réfutation aussi péremptoire qu'elle est inutile.

En effet, nous dit-on : « Mais l'État étant créancier et ne recevant pas ses arrérages, sera obligé de poursuivre; — partant, s'il ne se trouve pas d'acquéreur, au jour de l'adjudication, pour monter l'enchère au chiffre de sa créance, de se rendre lui-même adjudicataire;— donc voici l'*État propriëtaire*; — donc nous entrons à pleines voiles dans les eaux du communisme, l'État envahissant va tout englober......... »

Halte là ! — d'abord si je vois un grand mal dans la perspective d'un État qui serait propriétaire de tout, je n'en vois pas un aussi grand qu'on voudrait bien le dire dans la perspective d'un État, qui, tout en étant propriétaire, laisserait à l'individu la faculté de l'être lui-même.

Je dis plus : c'est qu'aussitôt qu'il sera possible d'aborder la question de tarification de la propriété, — chose qui arrivera au moins quant à un *minimum*, — chaque débiteur devra avoir le droit, s'il ne trouve pas mieux, d'abandonner son domaine à l'État moyennant le paiement de ce *minimum*. —

Je n'insiste pas sur cette idée, en dehors de mon sujet, et je reviens à l'objection.

Cette objection qui ne puise son apparente légitimité que dans des traditions qui n'existent plus dans le système qui l'a fait naître, est complètement vide, en ce sens qu'il n'est même pas possible de craindre l'envahissement de l'État, d'après le mécanisme de nos combinaisons.

En effet, y aura-t-il jamais une expropriation pour un capital qui ne sera jamais exigible, devant se payer par un amortissement successif, et dans *les formes prescrites pour le recouvrement des contributions directes?*

A-t-on vu souvent des expropriations pour cause de non-paiement d'impôt? — Quant à moi, je n'en connais point. — Ce que je sais, c'est que, dans ce cas, on fait procéder à la saisie-gagerie des fruits et récolte ou de tout autre produit, loyer ou fermage, selon la nature du capital imposé.

Eh bien! au pis-aller, il ne pourrait en être que cela. — Mais ce désastre ne devra arriver qu'à de rares intervalles; car le propriétaire débiteur conservant *libre* le tiers de son revenu, ou ce tiers lui sera suffisant pour lui et sa famille, et, dans ce cas, il pourra parfaitement payer; — ou il lui sera insuffisant, et, alors, il vendra tout ou partie de son immeuble, pour éteindre sa dette, ce qui, au rebours de ce que nous voyons aujourd'hui, lui sera toujours avantageusement possible par suite de la facilité de transmission, qui sera le corollaire de l'œuvre que nous défendons. —

Quant à la base de détermination de revenu, je crois que provisoirement on ne peut la trouver que dans une expertise préalable, faite avant l'ouverture de crédit, sérieusement et contradictoirement, par gens à ce connaissants; — car l'impôt foncier est trop arbitraire; le cadastre est comme s'il n'était pas, et les baux peuvent être mensongers. —

Du reste, cette opération bien faite, pourra ultérieurement servir à l'assiette de l'impôt sur le revenu, qui doit infailliblement sortir du premier pouvoir républicain.

Maintenant que nous avons satisfait aux besoins des intérêts fonciers, il reste à pourvoir à d'autres exigences tout aussi respectables; — nous pensons que le moyen le plus propre à procurer ce résultat se trouve dans la substance du décret suivant, que nous livrons aux réflexions de ceux qui se préoccupent sérieusement des questions d'organisation.

Art. 1er.

La République crée une banque du Travail et de l'*Industrie laborieuse*, dont le siége est à Paris, avec des succursales dans chaque chef-lieu de département, et des correspondances avec ces dernières dans chaque chef-lieu de canton.

ART. 2.

Le but de cette institution est de venir en aide aux travailleurs, en favorisant les associations ouvrières, par des avances basées sur l'importance de leurs travaux, combinées avec les ressources de la banque.

ART. 3.

Cette banque est formée avec le capital réservé par l'article 8 du décret *de tel jour* sur le crédit foncier. (Voir le décret qui précède celui-ci et que nous venons d'examiner.)

ART. 4.

L'intérêt de ces avances est fixé comme au décret précité. — La libération s'opèrera à échéance fixe ou par un amortissement successif dont le *quantum* sera fixé à l'avance entre le directeur préposé et l'association. — Toutefois, cet amortissement devra être combiné de telle sorte que la libération par ce mode, soit effectuée, au moins un an avant l'époque fixée pour la dissolution de l'association.

ART. 5.

La qualité d'associé n'est pas rigoureusement indispensable pour participer à ce crédit ; — et, à cet égard, ainsi que pour définir les conditions d'ouverture, un règlement d'administration intérieure déterminera le mode a suivre; — toutefois, toute association ouvrière régulièrement formée, aura par ce seul fait *un droit au crédit* de la banque établie dans son département.

ART. 6.

L'étendue de ce crédit sera déterminée à l'amiable, entre le conseil d'administration et le comité rapporteur qui devra être nommé dans les formes qui seront prescrites, au nom et dans l'intérêt de toutes les industries départementales.

ART. 7.

Dans la quinzaine qui suivra la promulgation de la présente loi, un décret déterminera les conditions d'admissibilité exigées pour faire partie d'une association, et instituera dans chaque chef-lieu de département une chambre élective de prud'hommes spéciaux, pour statuer sur son application.

Cette chambre statuera aussi, et en dernier ressort, toutes les fois qu'il y aura désaccord entre le comité rapporteur et le conseil d'administration de la banque, après avoir pris en considération les ressources disponibles.

ART. 8.

Un fonds de réserve pour les besoins imprévus sera

créé et ne pourra jamais être compté dans les ressources actives. —

Nous avons vu que le capital réservé et dont nous faisons emploi pour former notre banque du travail, s'élève à 300,000,000 de frs. — Soit pour chaque département, si les besoins étaient jugés égaux, la somme importante de 3,488,372fr. ! — c'est-à-dire un capital plus élevé que celui de toutes les banques réunies de la plupart de nos départements!.....

Voilà donc une institution nouvelle, spécialement destinée à favoriser l'industrie laborieuse; — si ce n'est pas assez, on peut encore en étendre successivement les ressources: — mais avec ce premier pécule à la discrétion du travail régulierement organisé par le bienfait des *libres* associations, nous pensons que tous les ouvriers peuvent s'exonérer de la tyrannie du patronage, et recouvrer l'indépendance qui ne saurait jamais sortir de décrets libéraux; — la vraie liberté ne se décrète pas plus que la vertu; elle a son siége au cœur même des institutions économiques. —

— Je me trompe étrangement, ou bien les deux dispositions que je viens d'édicter renferment des germes éminemment féconds d'émancipation et de moralité civique. —

Qu'on se figure, en effet, un état de choses comme celui que nous sollicitons; — où le propriétaire des champs pourra, en se procurant de l'argent à bon marché, livrer ses terres à un travail incessant et largement rétribué; — où ce propriétaire, tout en retirant bon parti de sa chose, fera les affaires du travailleur qui, à ce moyen, pourra rester au sein de sa famille qu'il moralisera par sa seule présence, et que ses bras rendront heureuse.

Ne voit-on pas à l'instant l'activité jaillir par tous les pores du corps social? — Dans les champs, inépuisable carrière de produits et de labeurs; — dans les villes, où le travail se sera multiplié au profit des artisans sérieux, de toute la somme des émigrants que le bienfait de nos institutions retiendra désormais au village; — sans compter le surcroît de travaux résultant directement de ces mêmes institutions dans la cité, par suite de la facilité qu'elles donnent de se procurer avantageusement des capitaux.

On ne verrait donc plus ce spectacle déchirant d'une population qui, poussée par la détresse, s'en va à l'aventure, sans métier sérieux, loin de ses affections et en pleurant son toit, offrir ses bras à une industrie qu'elle ignore le plus souvent, en échange d'un salaire insuffisant, quand il ne manque pas d'une manière absolue par suite de l'encombrement et du chômage; — ces deux fléaux qui semblent s'être chargés ici-bas de pourvoir à l'avidité des hôpitaux et des galères.....

— Notre intention n'est pas d'entrer dans l'examen des bienfaits économiques résultant des associations — nous pourrions à cet égard renvoyer nos contradicteurs aux résultats qui ont eté obtenus, après février, par certaines corporations, notamment par celle des ébénistes de la rue de Charonne; et dire que si dans les conditions qui leur étaient faites, certaines corporations ont obtenu plein succès, — le même succès est certain pour toutes celles qui se formeraient à la suite de l'institution que nous défendons.— Mais cette probabilité qui pour nous représente une certitude ne nous suffit même pas,—et comme nous voulons que l'Etat, en faisant des avances, soit sûr de les recouvrer, — nous consentons volontiers à ce qu'il stipule à son profit une solidarité entre tous les membres de l'association. —

Avec une telle garantie, jointe aux formalités préalablement exigées pour faire partie d'une association, nous pensons qu'il n'y a pas la moindre éventualité de perte pour lui.

— En effet est-ce que chaque membre sachant qu'il est le répondant d'un autre, n'exercera pas, tant sur l'admission de l'associé que sur sa coopération ultérieure, un contrôle sévère qui lui est commandé par l'intelligence de ses intérêts, et dont le bénéfice par contre coup, profitera à l'État? — nous répétons donc, sans vouloir insister davantage, qu'il n'a pas le moindre péril à courir en faisant ces avances qui pour lui seront encore une nouvelle source de profits considérables.

Si nos gouvernants, pendant les quatre longues années qu'ils ont legiféré au scandale du droit et de la raison, avaient décrété ces simples dispositions, assurément la France n'en serait pas où elle en est. — Le germe en avait été déposé dans le programme de la Montagne, cette énergique minorité, dont la chute héroïque, en illustrant le souvenir du parlement profané, a dû imposer silence et respect à la passion de ses détracteurs.

Mais la majorité aussi inintelligente qu'incompréhensible dans laquelle se noyait son initiative, opposait constamment le veto d'un aveugle entêtement; et c'est ainsi qu'elle nous a acculés dans le coupe-gorge du deux décembre.

Sera-t-il temps plus tard d'invoquer ces pacifiques moyens de réparation? — espérons-le; — la société minée et flétrie par tant de saturnales impies, est bien affaissée; — toutefois le mal, pour avoir vieilli, ne doit pas être incurable; — dans tous les cas si le remède que nous avons proposé n'est point le spécifique par excellence, nous soutenons qu'il est indispensable, du moins comme préliminaire. — Car, la propriété intermédiaire ne peut plus se mouvoir; — elle a dû renoncer à sa liquidation dans les conditions actuelles; menacée d'un côté par le mouvement ascensionnel de l'industrie heureuse; — asphyxiée de l'autre sous le jeu des pompes foulantes et aspirantes du capital et de l'usure, elle est destinée dans un prochain avenir à l'accaparemment au profit des grandes richesses.

Ce que je dis n'a rien d'exagéré, et la plus superficielle étude des tactiques réactionnaires, suffit pour en démontrer l'exactitude; pour en être convaincu, il suffit de se reporter aux jours qui suivirent la Révolution, et d'exhumer la tenue, à cette époque, de tous ces chevaliers du coffre-fort.

D'abord, panique réelle, dissimulée dans un hypocrite empressement à accueillir le nouvel état de choses.

Ils avaient pressenti, devant le tribunal dont chacun s'elève pour soi, dans son for intérieur, que leurs iniquités devaient être réprimées; — et semblables à ces malfaiteurs qui, pris isolément, se font modestes pour attendrir leurs juges, ils attendaient eux aussi, avant de se montrer superbes le moment où il leur serait donné de joindre leurs efforts dans une sacrilége conjuration. Provisoirement, ils se tenaient à l'écart, s'observant, et s'inspirant d'hostilités solidaires, —mais observant surtout, en spectateurs avides de destruction, l'édifice qu'on travaillait à élever.

A l'indécision des édificateurs, ils jugèrent de leur impéritie; à leur mansuétude du peu de danger qu'ils courraient en se montrant rebelles.

A partir de ce moment leur plan fut adopté, ils l'avaient fondé sur une diplomatie où il y avait encore plus d'immoralité que de perfidie.

En effet, ils s'étaient dit : « Nous sommes en minorité par le nombre en France; — mais nous dominons la majorité de toute la hauteur de nos finances; — sans nous, l'activité commerciale est nulle, et la terre condamnée à la stérilité. — Retirons donc nos capitaux et réduisons à l'impuissance l'agriculture et le commerce.

La propriété foncière nous doit; dans l'espoir que nous lui laisserons notre argent, le propriétaire marchera sous nos ordres et imposera à ses travailleurs l'influence que nous lui imposons nous-mêmes. —L'industrie nous doit; — sous l'empire de la même crainte et du même espoir le fabricant agira par les mêmes moyens sur les ouvriers de sa fabrique; — donc, nous aurons bourgeois, paysans; — industriels et ouvriers. »

Leur compte n'était pas tout à fait juste; mais que de désastres a fait ce pacte infâme!

Ce n'était pas tout encore..... après avoir trompé la foi publique, il leur restait à tromper, dans l'espoir à l'aide duquel il les avait dominées, la foi de leurs propres victimes.—Car, après s'être avili par nécessité, le petit bourgeois se trouva ruiné par la dureté de son créancier dominateur; — et réduit à l'impuissance de donner aucune satisfaction à ceux qu'il avait entraînés avec lui, il ne lui resta le plus souvent, avec les malédictions de ces derniers, que le mépris qui s'attache à la ruine, aux yeux des gens grossiers.

Quant aux républicains, qui par position se trouvaient entre les mains de ces forbans, il va sans dire que c'est par eux que l'exécution commença, — et que leur ruine préméditée servit de texte aux accusations de leurs spoliateurs qui s'empressèrent de les présenter comme gens dissipateurs, sans ordre, et ne sachant *pas faire leurs affaires.*

Faire ses affaires! mot qui dans la pratique de ces hommes résume en fait de transaction le principe de Thémistocle dans la guerre, à savoir : que tous les moyens sont bons pour faire passer dans son escarcelle les écus de son voisin, pour peu qu'on s'y prenne assez adroitement pour échapper à la cour d'assises et aux galères...

C'est par une succession de moyens honteux de cette nature qu'ils sont parvenu, à jeter, en certains lieux, aux yeux des masses crédules et ignorantes, un discrédit sur le personnel intelligent et désintéressé du parti républicain, et à fatiguer par suite, l'esprit d'émancipation.

Ils y trouvaient du reste leur compte à un autre point de vue; — car par un calcul criminel, ils escomptaient déjà l'espérance d'un lucre qu'ils ont réalisé depuis, et qu'ils réalisent encore tous les jours dans les adjudications qu'ils se font faire à bas prix, et qui, de plus en plus, engloutissent le patrimoine du débiteur sur lequel la plus odieuse spéculation a été établie. — On s'est plaint longtemps de l'aristocratie financière (une des pires qu'on ait vues); — peut-être s'en va-t-elle; mais qu'on y prenne garde, c'est pour se transformer et apparaître sous un aspect encore plus redoutable. — La vilité du prix va de gré à gré solliciter la finance vers le sol; — et bientôt elle aura concentré *la terre et l'eau* au profit de son insatiable besoin d'engloutir.

Si la division de la propriété bien réglementée est la source du progrès, la concentration en est le tombeau; — aussi, si ce que je prévois venait à arriver, c'est d'un siècle et demi qu'il faudrait reculer, ou plutôt nous entrerions dans une voie de malheurs inconnus à l'histoire.—

C est alors que cette *vile multitude* qui a reçu son baptème de M. Thiers, aurait peut-ètre à regretter les temps malheureux où elle recevait les injures de ce grand prêtre au service de tous les dieux grossiers,—et que la bourgeoisie qui souriait elle-mème à ces outrages, finirait par s'absorber aussi dans ce cataclysme social.

Oh ! l'aristocratie territoriale, je la redouterai encore plus que l'aristocratie de la finance !

IV

L'agencement, au point de vue administratif, de tout ce que j'ai exprimé dans les observations qui précèdent, ne contenant aucune difficulté pratique, je ne dois pas m'y arrèter.

— Toutefois cette œuvre serait imparfaite pour la satisfaction de l équité publique, si elle restait isolée d'une autre disposition qui me paraît devoir en ètre le complément.

Jusque-là elle n'a pu trouver d'adversaires sérieux et honnètes ; —car, elle enrichit l'État d'une somme importante résultant tant de la *banque mère* que de la banque *du travail,* permettant ainsi l'allégement des charges publiques, et la libération d'une dette qui de jour en jour conduit la France plus près de la banqueroute. — Elle rend possible la libération du sol, et le fait accessible au travail qu'elle féconde, associant ainsi deux éléments solidaires au fond, mais entre lesquels la dureté des priviléges et l'intervention des mal-entendus avaient jeté un antagonisme redoutable pour l'avenir. — Et elle produit tout ces effets sans bourse délier, enrichissant tout le monde, à l'exception des exploiteurs desquels nous nous soucions fort peu.

Mais la disposition complémentaire étant moins en harmonie avec les rigueurs du droit commun, soulèvera nécessairement quelques hésitations, peut-être même quelques frayeurs; — pourtant, comme elle me paraît juste, je n hésite pas à la présenter dans toute sa nudité, et en deux articles seulement :

Art. 1er.

Il est ouvert au profit de tout ceux qui ont été expropriés depuis la révolution de février, un droit de rachat contre les adjudicataires des immeubles ayant fait l'objet de l'expropriation.

Art. 2.

Ce droit ne pourra s'exercer qu'à la charge par le revendiquant de payer à l'adjudicataire évincé, 1° Le prix principal de l'adjudication; — 2° les frais et loyaux coûts de la transmission; — 3° les impenses utiles faites par l'adjudicataire sur le fonds revendiqué.

Vous attaquez la propriété? me crie-t-on; — vous êtes un hypocrite communiste qui ne nous avez pas dit toute votre pensée; — arrière, vous et vos méchantes propositions!

Tout beau donc! Un peu de patience s'il vous

plait, et tâchons de nous expliquer sans nous fâcher.

Où avez-vous donc trouvé que je supprime ou que j'attaque la propriété? — Moi je soutiens que je la défends. — Si vous êtes si ardents en faveur du principe de la propriété (comme vous dites), pourquoi blâmez-vous ce que je propose? — Est-ce que cette propriété n'était pas aussi sacrée entre les mains du dépossédé qu'entre celles du détenteur actuel?

Il fallait qu'il payât! me répondez-vous; — Avec quoi? L'exploitation encore cette fois, avait dressé autour de la propriété un cordon sanitaire qui ne permettait aucun accès au capital; — un nouveau pacte de famine avait été juré, si bien que personne, avec 100 mille francs de garantie, n'était certain de pouvoir en emprunter vingt mille.

Si, aujourd'hui, je brise, non pas un *contrat*, mais un *acte forcé*, est-ce que je n'ai pas plus raison de le faire que ceux qui ont violé un contrat d'autant plus sacré qu'il prenait ses racines au cœur même de l'ordre public? — Car, ne vous en déplaise, entre les divers éléments de la richesse générale, il existe un *contrat* basé sur des conventions positives et certaines, bien que tacites, par suite duquel, la propriété, par exemple, a promis de recevoir le *capital*, et le *capital* de se prêter à la propriété.

Si ce dernier se retire, il manque à sa mission, accule la propriété dans un empêchement absolu, et la tue par un cas de force majeure;

Or, le cas de force majeure rend nul, au point de vue de la moralité des traités humains, tout ce qui en est la suite. — Moi qui aime tout autant considérer la *propriété contractuelle* comme *un fait social relativement nécessaire,* que de la considérer comme *un principe*, c'est-à-dire une vérité de tout temps et de tous lieux, comment se fait-il donc que je lui porte plus de sollicitude que vous? — Car, je vous l'avoue, un principe, qui, dans l'une de ses expressions, peut à chaque instant devenir l'objet d'un coup du sort, ne vaudrait guère mieux pour moi que les principes *qui se cassent la jambe*, et devrait être inscrit au nombre des mauvaises choses à *detruire.*

— Je suis donc plus révérentieux que vous à l'endroit de la propriété : car, la tenant pour une des conditions essentielles de l'état démocratique, je ne veux pas qu'on puisse l'accuser d'être un mauvais principe, en l'exposant à servir de cause à de mauvais effets; comme il est arrivé dans ces derniers temps où l'on a vu des domaines valant 40,000 francs se vendre à la barre 15,000 francs à peine.

En vertu de quel droit, celui qui, en dehors du consentement du détenteur, a acquis dans ces conditions, possède-t-il les 25,000 fr. d'excédant? — Par la loi du plus fort, par la circonstance de force majeure qui ne légitime rien.

Il y a plus : c'est que le domaine qui, dans les conditions actuelles aurait valu 40,000 fr., et sur lequel le premier possesseur avait pu facilement il y a quelques années emprunter 20,000 fr.; en vaudra désormais 60,000, par suite de l'institution de crédit, — d'où il suit qu'avec une propriété de cette importance, — le débiteur qui, en réalité, aurait dû posséder net encore 40,000 fr., déduction faite des 20,000 dus, se trouve réduit à la honte de faire banqueroute à ses créanciers de 5,000 fr. — Déplorable scandale ressortant d'un état de choses qu'on doit s'empresser de détruire, — puisque tout y est à l'état de bouleversement; — que la probité la plus intacte peut y prendre le nom de vol, et que l'abjection la plus dégradée s'y pavane au grand jour sous l'éclat de la fortune usurpée.

Il y a eu tant d'expropriations depuis Février; il y en aura encore tant avant le jour de la réparation que, si l'on n'ajoutait pas cette disposition, notre système de circulation n'atteindrait pas son but. — Il ne pourrait servir de rien aux dépouillés et profiterait seulement à ceux pour lesquels il n'a pas été fait, ou plutôt contre lesquels il a été fait, c'est-à-dire aux capitalistes opulents, qui, après s'être entendus comme *larrons en foire*, encombrent les prétoires au jour des ventes forcées; — cela n'est pas possible; — il faut qu'une bonne fois pour toutes, l'équilibre s'établisse, pour ne plus se rompre, dans la balance de l'équité sociale, et qu'il ressorte de cette stricte et loyale pondération un enseignement durable au bénéfice de la morale publique.

— Au surplus, nous pourrions justifier le principe en vertu duquel nous pocédons, par une analogie concluante, tirée d'un monument non suspect.

Nous trouvons en effet à l'article 1674 du code civil une stipulation cent fois plus révolutionnaire, et qui pourtant se place sous le patronage d'autorités compétentes et d'hommes contre lesquels on n'osera pas s'élever quand on saura qu'ils s'appelaient Portalis, Cambacères, Tronchet, Muraire, Maleville, etc., etc.

Cet article ouvre un droit de rescision au profit de toute personne qui, sous l'influence d'une nécessité urgente, aurait vendu sa chose à vil prix.

Comment! lorsque poussé par la misère, je vends à bas prix une chose qui en vaut un grand (le faisant toutefois de mon consentement), la loi m'ouvre un moyen de faire rendre gorge à mon spoliateur, et elle me refuserait cette protection quand cette chose sort de mes mains sans mon consentement!

— Allons donc! cela n'est pas de la logique, mais c'est encore moins de la justice.....

— Je sais qu'on me dit dans ce dernier cas : c'est la justice qui vend, *ne touchez pas à la reine*!

— Non, la justice ne vend pas; — Elle est là seulement pour dresser le procès-verbal de mon égorgement, et rien de plus. — Celui qui vend en réalité, c'est le poursuivant; — car, c'est lui qui d'après la nouvelle législation fixe la mise à prix (art. 690 du code de procédure).

— Car c'est lui qui force, sans qu'elle puisse s'y soustraire, la justice, dont le rôle est complètement passif, à constater la vente qu'il poursuit.

Et lorsqu'il se rend adjudicataire, ce qui se voit souvent; — il arrive ce phénomène monstrueux : qu'une personne a traité avec elle-même; — et qu'en fixant à 20,000 frs. par exemple, la mise à prix d'un immeuble de 100,000 fr., il peut survenir s'il ne se trouve personne pour monter l'enchère, qu'il en demeurera propriétaire moyennant le prix illusoire qu'il lui aura plu de fixer.

Voilà ce qui se passe au fond. — L'art. 1684, qui exclut du bénéfice de l'art. 1674, celui qui a été dépouillé par *force*, (c'est-à-dire suivant la vicieuse locution, *par autorité de justice*), ne saurait en rien infirmer le principe posé dans ce dernier.

Nous connaissons les règles du droit; — et sans manquer aux lois de la modestie, nous croyons pouvoir affirmer que cette exclusion n'est rien autre chose qu'une incohérence juridique.

La distinction établie par le législateur de l'an XII, tout inconciliable qu'elle fût avec la rigueur des principes, pouvait toutefois, à cette époque, trouver deux raisons d'être auprès des faciles.

— D'abord, parce qu'on pouvait s'imaginer dans un temps où la loi sur l'expropriation n'avait pas encore fonctionné dans toute son horreur, que cette loi n'était principalement faite que pour frapper les *mauvais payeurs*, c'est-à-dire les débiteurs récalcitrants et de mauvaise foi, lesquels, en morale, ne sauraient jamais légitimer l'octroi d'une faveur législative. — Ensuite par une raison politique tirée de la vente récente des biens nationaux, en faveur desquels il répugnait peut-être de créer une disposition exceptionnelle, et qui à ce moyen se trouvaient couverts par la disposition générale; cette dernière considération n'existe plus; — quant à la première, il a été facile de reconnaître par la pratique que les expropriés pouvaient bien être des maladroits, mais que rarement c'étaient des fripons : — le fripon ayant a sa disposition mille moyens de faire ce qu'on appelle de *bonnes affaires*.

Il y aurait sur ces deux articles autant de pages à écrire qu'ils contiennent de mots ; — et sans avoir la moindre prétention à l'érudition, nous prendrions volontiers la charge de prouver par de bonnes raisons tout ce que nous venons de faire pressentir à leur endroit.

Mais telle n'est pas notre mission ; — si nous avons été amené à en parler, ça été uniquement pour établir, aux yeux de ceux qui se retranchent continuellement derrière la sainteté *des contrats* ou *actes individuels*, qu'il y a quelque chose au-dessus du contrat de deux personnes, à savoir : le contrat de tout le monde.

Ce principe a été énergiquement déposé dans l'article 1674 ; — il est vrai et humanitaire ; c'est aussi celui au nom duquel nous entendons justifier notre proposition que nous maintenons en tout son contenu.

— Une fois que le pouvoir républicain aura fait tout cela, il sera encore bien loin d'avoir droit au repos ; — mais il aura fait beaucoup plus qu'on ne pense.

Il aura extirpé du champ de la démocratie le germe des ronces que le royalisme y avait frauduleusement semées ; — il aura restitué le bien-être et l'aisance à qui en avait besoin, à qui y avait droit ; — l'indépendance à l'ouvrier, au petit propriétaire, même au bourgeois qui, comme nous l'avons vu, relève du capitaliste.

Il aura en un mot renversé l'idole des influences

malhonnetes et fait *une verite* du suffrage universel en supprimant le principe de ses erreurs.

Restera ensuite a prendre, et dans un bref délai, d'autres mesures qui pour être indispensables n'ont cependant pas le même caractère de célérité et de *péril en la demeure*.

— Au nombre de ces dernières nous croyons devoir faire figurer celles ci-dessous indiquées sur lesquelles l'attention publique n'a été que rarement appelée :

— Loi sur l'organisation de la fonction ; — suppression radicale de tout cautionnement, lequel est la perpétuation d'un privilége monarchique, et ne se légitime pas plus en démocratie que le cens électoral.

— Loi sur les officiers ministériels pour arriver à leur classification au point de vue de la fonction.

Lois financières pour arriver : 1° au remboursement des cautionnements fournis par les fonctionnaires que la République a le devoir de révoquer ; 2° et au remboursement de leurs charges aux officiers ministériels supprimés ou devenus fonctionnaires de l'État, par le résultat d'une administration spéciale ; — tous ces remboursements, loin d'être impossibles ne présentent pas autant de difficultés et de complication qu'on pourrait le croire.

Et ces lois qui, au premier coup d'œil, ne paraissent pas parfaitement adhérentes au corps de la démocratie sont cependant grosses de bons résultats.

www.ingramcontent.com/pod-product-compliance
Ingram Content Group UK Ltd.
Pitfield, Milton Keynes, MK11 3LW, UK
UKHW031955260826
14628UKWH00005B/2073

9 782011 773050